O'zbekcha kundalik hayot suhbati
우즈베크 생활회화

O'zbekcha kundalik hayot suhbati
우즈베크 생활회화

초판 1쇄 | 2024년 7월 20일
편저 | 우즈베키스탄 한인회
출판 | 라운더바우트

출판등록 | 제2020—000001호
주소 | 경기도 시흥시 신천8길 32, 401호
대표전화 | 031-316-1929
이메일 | yryr1998@daum.net

디자인 | PND
인쇄 | 예림인쇄

ISBN | 979-11-988122-1-6
값 10,000원

* 사전 동의 없는 무단 전재 및 복제를 금합니다.
* 잘못 만들어진 책은 바꾸어 드립니다.

가방속의 핸드북

O'zbekcha kundalik hayot suhbati

우즈베크 생활회화

우즈베키스탄 한인회 편저

라운더바우트
roundabout

발간사

거주하는 나라의 언어를 구사하는 것은 매우 중요한 일입니다. 하지만 생업에 쫓기다보면 거주국 언어 학습의 기회가 멀어지기 마련입니다. 이곳에서 오랫동안 생활하면서도 우즈베크어를 '눈치'와 '손짓발짓'으로 이해하는 교민 분들을 위해 우즈베크 회화책을 발간하게 됐습니다.

한국과 우즈베키스탄의 교류 역사가 어느덧 30년이 지났습니다. 그 사이 한국 생활을 경험한 우즈베크인들도 많습니다. 그들이 또렷한 한국말로 우리를 '아저씨', '사장님'이라고 부릅니다. 우리도 이젠 그들에게 '아카'(Aka), '우카'(Uka) 라고 화답해 줄 때가 되었습니다. 그것이 이 책을 기획하게 된 이유입니다. 부디 이 우즈베크어 회화책이 두 나라, 두 민족 간의 우정을 더욱 깊게 만드는 계기가 되기를 바라는 마음입니다.

이 책이 나오기까지 많은 분들이 도움을 주셨습니다. 한국어 발음을 감수해 주신 박진호 님과 실생활에서 많이 사용하는 우즈베크어를 선별해 뽑아준 G'ofurova Nodira, Niyazova Dilfuza, Hakimova Hilolakhon, 세 분 현지인들, 그리고 예쁜 디자인으로 책을 완성해 준 우즈벡 전문 출판 라운더바우트에 감사드립니다.

그리고 무엇보다도 이번 우즈베크어 회화책 발간을 성원해 주신 주우즈베키스탄 대한민국 대사관에 감사 인사를 드립니다.

고맙습니다. Katta Rahmat!

2024년 7월
우즈베키스탄 한인회장 **강창석**

이 책 사용법

현지에서 맞이하는 상황/주제별로 챕터를 구성, 자주 사용하는 한글 표제어를 제시하고, 표기 및 발음, 추가 어휘, 문법적 특징 등을 덧붙여 책의 활용도를 높였다. 이와 같은 추가 어휘 학습은 듣기와 말하기에 많은 도움이 될 것이다.

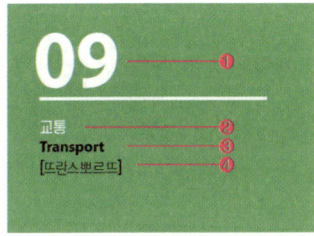

▶ 상황/장소 챕터찾기
현지에서 맞닥뜨린 상황이나 주제별 챕터를 목차에서 찾아 표기법과 발음을 학습한다
❶ 챕터 번호 ❷ 주제어
❸ 문자표기 ❹ 발음

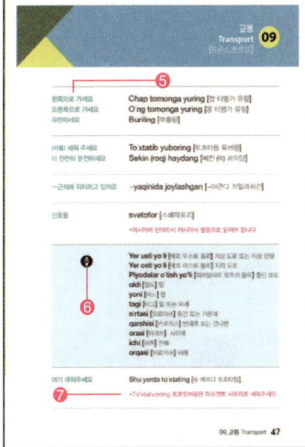

▶ 한글 표제어 찾기
표현해야 할 한글 표제어(❺)를 찾고 관련 문장을 학습한다

▶ 관련 어휘/문법적 특징
각 표제어와 관련된 유사어, 동의어, 어울리는 단어, 문법적 특징 등을 암기하여 학습 효과를 극대화한다.
❻ 관련 어휘 💡
❼ 문법적 특징 (*)

Mazmuni 목차

01_ **인사하기** Tanishuv[타느슈브] **8**

02_ **날씨** Ob-havo[어브-하버] **12**

03_ **식사하러 갑시다** **16**
Ovqatlanishga boraylik[어브캍라니쉬가 버라일릭]

04_ **취미** Qiziqish[크즈크쉬] **22**

05_ **날짜** Sana[싸나] **26**

06_ **숫자 / 번호** Son/raqam[썬/라캄] **30**

07_ **쇼핑** Xarid[하리드] **38**

08_ **전화에 (충전한) 돈이 안 남았어요**
Telefonimda pul qolmadi![텔레포늠다 풀 컬마드!] **42**

09_ **교통** Transport[뜨란스뽀르뜨] **46**

10_ **아플 때** Kasal bo'lganda[카쌀 볼간다] **50**

11_ **호텔 예약하기** **54**
　　Mehmonxona buyurtma qilish[메흐먼허나 부유르뜨마 클리쉬]

12_ **우체국** Pochta[포츠타] **58**

13_ **은행** Bank[방크] **62**

14_ **미용실** Go'zallik saloni[고잘릭 쌀러느] **66**

15_ **상점** Do'kon[도컨] **70**

16_ **공항** Aeroport[아에라뽀르뜨] **74**

17_ **여행** Sayohat[싸여핫] **80**

18_ **사무실** Ishxona/ Ish joyi[이쉬허나 / 이쉬 저이] **84**

19_ **지하철** Metro[미뜨로] **90**

01

인사하기
Tanishuv
[타느슈브]

인사하기
Tanishuv
[타느슈브] 01

안녕하세요 / 안녕	Assalomu aleykum / Salom [아쌀러무 알레이쿰 / 쌀럼]
만나서 반갑습니다.	Tanishganimdan hursandman [타니쉬가늠단 후르싼드만]
당신에 대해서 많이 들었어요	Sizning haqingizda ko'p eshitganman [쓰즈닝 하킹기즈다 콥 에쉴간만] * 일반적으로 Siz haqingizda ko'p eshitganman "쓰즈 하킹기즈다 콥 에쉴간만"으로 표현합니다
나의 이름은 힐럴라입니다	Mening ismim Hilola / Mening otim Hilola [메닝 이쓰믐 힐럴라 / 메닝 어틈 힐럴라]
당신의 이름은 무엇입니까?	¹Sizning ismingiz nima? [쓰즈닝 이쓰밍기즈 느마?] ²Sizning otingiz nima? [쓰즈닝 어팅기즈 느마?]
몇 살이세요?	Yoshingiz nechida? [여슁기즈 네치다?] * Nech yoshsiz? 네취 여쉬쓰즈? 라고 말해도 됩니다.

나의 나이는 (25세, 30세)입니다.	Mening yoshim (yigirma besh, o'ttiz) da [메닝 여쉼 (이기르마 베쉬, 오뜨즈) 다]
어떤 민족이세요?	Millatingiz nima? [밀라팅기즈 느마?] * 우즈베키스탄은 다민족 국가라서, 여권에 우즈벡인/타직인/카자흐인/러시아인 등의 민족을 표시합니다.
나는 (한국인, 우즈벡인, 중국인, 일본인) 입니다	Men (Koreysman, O'zbekman, Xitoylikman, Yaponman) [멘 (카레이스만, 오즈벡만, 흐토이릭만, 야폰만)]
어디에서 오셨어요?	Qayerliksiz? [카예를릭쓰즈?]
어디로부터 오셨어요?	Qayerdan keldingiz? 카예르단 켈딩기즈?]
나는 (한국, 우즈베키스탄, 중국, 일본)에서 왔습니다.	Men (Koreya, O'zbekiston, Xitoy, Yaponiya)dan keldim [멘 (카레야, 오즈베키스턴, 흐토이, 야포니야)단 켈듬]
당신은 어느 나라에서 오셨어요?	Siz qaysi davlatdan keldingiz? [쓰즈 카이쓰 다블랏단 켈딩기즈?] * 나라 이름을 물어볼 때는, qaysi(카이쓰)를 사용해야 하고, nima(느마)로 묻는 것은 문법적으로는 맞지 않습니다.

인사하기
Tanishuv [타느슈브] 01

직업이 무엇입니까?	**Kasbingiz nima?** [카스빙기즈 느마?] * Nima ish qilasiz? (느마 이쉬 클라쓰즈?)라고 물어도 됩니다.
나는 (사업가, 음악 선생님, 가정 주부, 편집자)입니다.	**Men (tadbirkor, musiqa o'qituvchisi, uy bekasi, muharrir) man** [멘 (타드브르코르, 무씨카 오크투브취스, 우이 베카스, 무하리르) 만]
나는 한국 회사에서 일합니다.	**Men Koreya firmasida ishlayman** [멘 카레야 피르마쓰다 이쉴라이만]
당신에 대해서 많이 들었어요.	**Siz haqingizda ko'p eshitganman** [쓰즈 하킹기즈다 콥 에쉬트간만] * 문어체에서는 Sizning haqingizda ko'p eshitganan 이라고 사용합니다.
안녕히 가세요	**Yaxshi boring / Yaxshi yetib oling** [야흐쉬 버링 / 야흐쉬 예틉 얼링]
안녕히 계세요	**Yaxshi qoling** [야흐쉬 컬링] ➕ Ertagacha [에르타 가차] 내일까지
안녕	**Xayr** [하이르] * 친한 노인들에게도 Xayr라고 말할 수 있습니다.

02

날씨
Ob-havo
[업-하버]

날씨
Ob-havo
[업-하버] 02

	fasl[파슬] 계절 bahor[바허르] 봄 yoz[여즈] 여름 kuz[쿠즈] 가을 qish[크쉬] 겨울

봄, 여름, 가을, 겨울이 왔습니다
(bahor, yoz, kuz, qish) keldi.
[(바허르, 여즈, 쿠즈, 크쉬) 켈드]

날씨가 어때요?
havo qanday? [하버 칸다이?]

오늘 날씨가 너무나~
bugun havo juda ham~ [부군 하버 주다 함~]

따뜻한
iliq[일륵]

* 영상 15도 또는 영상 16도 정도

issiq[으씩] 더운
sovuq[쏘북] 추운
salqin[쌀큰] 시원한 또는 쌀쌀한
ob-havo ma'lumoti[업-하버 말루머트] 일기 예보

바람이 불고 있어요
¹Shamol bo'lyapti [샤멀 볼얍뜨]
²Shamol esyapti [샤멀 에쓰얍뜨]

*yapti(얍뜨)는 동사의 현재 진행형임.

눈이 내리고 있다	Qor yog'yapti [커르 여그얍뜨]
비가 내리고 있다	Yomg'ir yog'yapti [염그르 여그얍뜨]
깨끗한 공기	toza havo [터자 하버]
맑은 날씨	ochiq havo [어칙 하버] *ochiq의 원래 뜻은 '열린'임.
흐린	bulutli[불루틀리]
비가 그쳤다	yomg'ir to'xtadi [염그르 토흐타드]
밤에 날씨가 추워졌다.	Tunda havo sovib ketdi [툰다 하버 쏘븝 켓드]
당신에게는 어떤 날씨가 마음에 드세요?	Sizga qanday havo yoqadi? [쓰즈가 칸다이 하버 여카드?] * Siz qanday havoni yaxshi qo'rasiz?[쓰즈 칸다이 하버느 야흐쉬 코라쓰즈?]라고 물어도 됨
나는 시원한 날씨가 좋아요	Menga salqin havo yoqadi [멘가 쌀큰 하버 여카드]

날씨
Ob-havo
[업-하버] 02

당신의 나라 날씨는 지금 어때요?

Sizni davlatingizda hozir ob havo qanday?
[쓰즈느 다블라팅기즈다 허즈르 어브 하버 칸다이?]

* 문법적으로는 Sizning davlatingizda hozirda havo qanday?라고 말해야 하지만, 회화체에서 이 경우는 Sizni로 말해도 됨.

o'tgan kuni[올간 쿠니] 그제
kecha[케차] 어제
bugun[부군] 오늘
ertaga[에르타가] 내일
indinga[인딩가] 모레

ertalab[에르탈랍] 아침에
tongda / saharda[텅다 / 싸하르다] 새벽에
tushlikda [투쉴릭다] 점심에
kechqurun[케취쿠룬] 저녁에
tunda[툰다] 밤에

o'tgan hafta[올간 하프타] 지난 주
shu hafta[슈 하프타] 이번 주
keyingi hafta[케인기 하프타] 다음 주
qanday / qanaqa[칸다이 / 카나카] 어떤 또는 어떻게
ozgina[어즈기나] 조금 또는 약간
tez orada[테즈 어라다] 곧 또는 잠시 뒤
tez-tez[테즈-테즈] 빨리 빨리 또는 자주 또는 종종
ko'p[콥] 많은 또는 많다.
shu kunlarda[슈 쿤라르다] 최근에

03

식사하러 갑시다
Ovqatlanishga boraylik
[어브카틀라니쉬가 버라일륵]

식사하러 갑시다
Ovqatlanishga boraylik 03
[어브카틀라니쉬가 버라일륵]

배가 고파요	Qornim och qoldi [커르늠 어치 컬드]
식당에 갈까요?	(Rayhon, Soy, Jiz-Biz)ga boramizmi? [(라이헌, 써이, 지즈-브즈)가 버라므즈므?]
오늘 내가 돈을 내겠습니다(오늘 내가 식사를 사겠습니다)	Bugun men to'layman [부군 멘 톨라이만]
나는 (당신을) 손님으로 대접하겠습니다 또는 나는 손님을 받아들입니다	Men mehmon qilaman [멘 메흐먼 클라만]
메뉴를 주세요	Menyuni bering [메뉴느 베링]
아이들 메뉴가 있나요?	Bolalar menyusi bormi? [벌랄라르 메뉴쓰 버르므?]
무엇을 추천하세요?(어떤 음식을 추천하시겠어요?)	Nima tavsiya qilasiz? [느마 타브씨야 클라쓰즈?]
가격이 얼마예요?	Narxi qancha? [나르흐 칸차?]

나에게도 그 음식으로 주세요 (나에게도 똑같은 음식으로 주세요)	Menga ham o'sha ovqatdan bering [멘가 함 오샤 어브갓단 베링]
나에게도 (1인분, 2인분, 3인분)을 주세요	Menga (bir portsiya, ikki portsiya, uch portsiya) bering [멘가 (브르 뽀르찌야, 이키 뽀르찌야, 우취 뽀르찌야) 베링]
계란 프라이를 주세요	Qovurilgan tuxum bering [커부를간 투훔 베링]
어떤 디저트가 있어요?	Qanaqa desertlaringiz bor? [카나카 데쩨르틀라링기즈 보르?]
저는 기름진 음식들을 먹지 않아요	Men yog'li ovqatlarni yemayman [멘 여글리 어브갓라르느 예마이만] * Men yog'siz ovqatlarni yeyman. [멘 여그쓰즈 어브카틀라르느 예이만] "저는 기름지지 않은 음식들을 먹어요" 라고 표현해도 됩니다.
저는 매우 짠 음식을 먹을 수 없습니다	Men juda sho'r ovqat yeya olmayman [멘 주다 쇼르 어브갓 예야 얼마이만]

식사하러 갑시다
Ovqatlanishga boraylik
[어브카틀라니쉬가 버라일륵] 03

고수가 없게 주세요(고수를 넣지 않는 요리를 주세요)	Ko'katsiz bering, iltimos [코갓쓰즈 베링, 일티머스]
나에게는 맵지 않게 주세요	Menga achchiq bo'lmasin, iltimos [멘가 아츠측 볼마씬, 일티머스]
가스 없는 물을 주세요	Gazsiz suv bering [가즈쓰즈 쑤 베링]
언제쯤 준비가 되세요?	Qanchada tayyor bo'ladi? [칸차다 타이여르 볼라드?]
맛있게 드세요	Yoqimli ishtaha [여큼리 이쉬타하]
이것은 내가 주문한 음식이 아닙니다	Bu men buyurtma qilgan ovqat emas [부 멘 부유르뜨마 클간 어브갓 에마스] *Bu mening buyurtmam emas.[부 메닝 부유르뜨맘 에마스]라고 말해도 같은 뜻입니다.

Mazali[마잘리] 맛있는 또는 맛있다.
Bemaza[베마자] 맛없는 또는 맛없다.

(나는) 배가 부릅니다.	Qornim to'q [커르늠 톡]
(당신은) 배가 부릅니까?	Qorningiz to'qmi? [커르닝기즈 토크므?]
냅킨을 주실 수 있으세요? 냅킨 주시겠어요?	Salfetka bera olasizmi? [쌀페뜨까 베라 얼라쓰즈므?]
이쑤시개를 주실 수 있으세요? 이쑤시개 주시겠어요?	Tish kavlagich bera olasizmi? [티쉬 카블라그취 베라 얼라쓰즈므?]
화장실이 어디에 있어요?	Xojatxona qayerda? [허챳허나 카예르다?]
이 음식을 조금 더 주세요	Shu ovqatdan yana ozgina bering [슈 어브캍단 야나 어즈기나 베링] *yana는 '다시 또'의 뜻 외에 '더'라는 뜻도 있음.

식사하러 갑시다
Ovqatlanishga boraylik 03
[어브카틀라니쉬가 버라일륵]

아주 마음에 들었어요	Menga juda yoqdi	[멘가 주다 역드]
맛있게 먹었어요	Mazza qilib yedim	[마자 클릅 예듬]
계산서를 주세요	Hisobni bering	[흐썹느 베링]
카드로 계산해도 될까요?	Kartadan to'lasam bo'ladimi?	[까르따단 톨라쌈 볼라드므?]

04

취미
Qiziqish
[크즈크쉬]

취미
Qiziqish
[크즈크쉬] 04

한가한 시간에 무엇을 하세요?	Bo'sh vaqtingizda nima qilasiz? [보쉬 박팅기즈다 느마 클라쓰즈?]
한가한 시간에, 저는~ (무엇을 취미로) 해요.	Bo'sh vaqtimda, men~ bilan shug'ullanaman [보쉬 박틈다, 멘~ 블란 슈굴라나만]
나는 영화 보는 것을 좋아합니다	Men kino ko'rishni yaxshi ko'raman [멘 키노 코리쉬느 야흐쉬 코라만]
당신의 취미 / 관심거리는 무엇입니까?	Sizning hobbiyingiz / qiziqishingiz nima? [쓰즈닝 호비잉기즈 / 크즈크쉥기즈 느마?]
나의 취미는 / 관심거리는~	Mening hobbiyim / qiziqishim~ [메닝 호비임 / 크즈크쉼~]
특별한 어떤 흥미거리가 없어요	O'ziga xos biron qiziqishim yo'q [오즈가 허스 브론 크즈크쉼 요크]
나는 ~을 좋아합니다	Men~ ni yaxshi ko'raman [멘~ 느 야흐시 코라만]

ovqat pishirish[어브캇 프쉬리쉬] 음식을 요리하기
(pishirmoq=요리하다)
o'qish[오크쉬] 읽기 또는 공부하기
chizish[취지쉬] 그리기
suzish[쑤지쉬] 수영하기
golf[골프] 골프
bouling[보울링] 볼링
meditatsiya[메디따찌야] 생각하기 또는 명상
yoga[요가] 요가
tog'ga chiqish[토그가 츠크쉬]
산에 올라가기 또는 등산
shopping[쇼핑] 쇼핑
ashula eshitish[아슐라 에쉬트쉬] 음악 감상
kino/film[키노/필름] 영화
musiqa asboblarini chalish.(pianino / skripka)
[무씨카 아스버블라르느 찰리쉬(삐아니노 / 스크립까)]
악기 연주하기(피아노 / 바이올린)
rasmga olish[라슴가 얼리쉬] 사진 찍기
konsertga / ko'rgazmaga borish
[칸쎄르뜨가 / 코르가즈마가 버리쉬]
음악 콘서트 / 전시회 가기

나는 음식을 잘 요리합니다	Men ovqatni yaxshi pishiraman [멘 어브캇느 야흐쉬 프쉬라만]
나는 음식 요리하는 것을 전혀 모릅니다	Men ovqatni pishirishni umuman bilmayman [멘 어브캇느 프쉬리쉬느 우무만 블마이만]

취미
Qiziqish
[크즈크쉬] 04

나는 영어를 잘 모릅니다	Men ingliz tilini yaxshi bilmayman [멘 잉글리즈 틀르느 야흐쉬 블마이만]
주말에 무엇을 하세요?	Dam olish kunlari nima qilasiz? [담 얼리쉬 쿤라르 느마 클라쓰즈?]
잠자는 것을 좋아합니다	Uxlashni yaxshi ko'raman [우흘라쉬느 야흐쉬 코라만]
친구와 전화로 수다 떠는 걸 좋아합니다	Do'stim bilan telefonda gaplashishni yaxshi ko'raman [도스틈 블란 텔레폰다 갸플라쉬쉬느 야흐쉬 코라만]
당신의 취미가 좋습니다	Sizning hobbiyingiz [쓰즈닝 호비잉기즈]
관심거리가 좋습니다	qiziqishingiz yaxshi ekan [크즈크슁기즈 야흐쉬 에칸]

tez-tez[테즈-테즈] 빨리 빨리
ba'zida[바아즈다] 때때로 또는 이따금

haftada bir / ikki martta [하프타다 브르 / 이키 마르타]
1주일에 한 번 / 2번

05

날짜
Sana [싸나]

날짜
Sana[싸나] 05

오늘은 며칠이에요?	**Bugun nechanchi sana?** [부군 네찬취 싸나?]
오늘은 2024년 3월 14일이에요	**Bugun 14 (o'n to'rt)inchi mart 2024 (ikki ming yigirma to'rt) inchi yil** [부군 온 토르틴취 마르트 이키 밍 이기르마 토르 인치 일]

> Yanvar[얀바르] 1월
> Fevral[페브랄] 2월
> Mart[마르트] 3월
> Aprel[아쁘렐] 4월
> May[마이] 5월
> Iyun[이윤] 6월
> Iyul[이율] 7월
> Avgust[아브구스트] 8월
> Sentyabr[쎈쨔브르] 9월
> Oktyabr[옥쨔브르 또는 악쨔브르] 10월
> Noyabr[노야브르 또는 나야브르] 11월
> Dekabr[데카브르] 12월

당신의 생일은 언제입니까?	**Tug'ilgan kuningiz qachon?** [투글간 쿠닝기즈 카촌?]
3월 14일입니다	**14 (o'n to'rt)inchi martda** [온 토르틴취 마르트다]

➕ Hafta kunlar[하프타 쿠라르] 1주일

오늘은 무슨 요일입니까?	Bugun qanday kun? [부군 칸다이 쿤?]

Dushanba[두샨바] 월요일.
Seshanba[쎄샨바] 화요일.
Chorshanba[처르샨바] 수요일.
Payshanba[파이샨바] 목요일.
Juma[주마] 금요일.
Shanba[샨바] 토요일.
Yakshanba[약샨바] 일요일.

언제 (집에, 학교에) 가세요?	Qachon (uyga, maktabga) borasiz? [카천 (우이가, 막탑가) 보라쓰즈?]
월요일에 (집에, 학교에) 갑니다	Dushanba kuni (uyga, maktabga) boraman. [두샨바 쿠니 (우이가, 막탑가) 버라만]
이번 주 금요일에	Shu hafta juma kuni [슈 하프타 주마 쿠니]
매우 바쁩니다	Juda ham bandman [주다 함 반드만]
한가합니다	Bo'shman [보쉬만]
수요일입니다	Chorshanba [처르샨바]

날짜
Sana [싸나] 05

열심히 일을 하고 있습니다	Astoydil ishlayapman [아스토이들 이쉴라얍만] *~yapman은 현재 진행형
쉬고 있습니다	Dam olyapman [담 얼랍만]
🖋	Keyingi hafta[케인기 하프타] 다음 주 Keyingi oy[케인기 어이] 다음 달 O'tgan hafta[옷간 하프타] 지난 주 O'tgan oy[옷간 어이] 지난 달 O'tgan kuni[옷간 쿠느] 그저께 Kecha[케차] 어저께 / Bugun[부군] 오늘 Ertaga[에르타가] 내일 / Indinga[인딩가] 모레
(나는) 이번 주 주말에 시간이 있어요	Shu hafta dam olish kuni vaqtim bor. [슈 하프타 담 얼리쉬 쿠느 박틈 버르]
(우리는) 다음 주 금요일에 봐요(=만나요)	Keyingi hafta juma kuni ko'rishamiz. [케인기 하프타 주마 쿠느 코리샤므즈]
지난 주 월요일에 무엇을 했습니까?	O'tgan hafta dushanba kuni nima qildingiz? [옷간 하프타 두샨바 쿠느 느마 클딩기즈?]
3월 15일은 무슨 요일인가요?	15 (o'n besh)inchi mart haftaning qaysi kuni? [온 베쉰치 마르트 하프타닝 카이쓰 쿠느?]

06

번호
Son/raqam
[썬/라캄]

번호
Son/raqam
[썬/라캄]

1 – bir [브르]
2 – ikki [이키]
3 – uch [우취]
4 – to'rt [토르트]
5 – besh [베쉬]
6 – olti [얼뜨]
7 – yetti [예뜨]
8 – sakkiz [싸크즈]
9 – to'qqiz [토크즈]
10 – o'n [온]
20 – yigirma [이기르마]
30 – o'ttiz [오뜨즈]
40 – qirq [크르크]
50 – ellik [엘릭]
60 – oltmish [얼뜨미쉬]
70 – yetmish [예뜨미쉬]
80 – sakson [싹썬]
90 – to'qson [톡썬]
100 – yuz [유즈]
1000 – ming [밍]
10000 – o'n ming [온 밍]
100000 – yuz ming [유즈 밍]
1000000 – million [밀리온]

Birinchi [브린치] 첫 번째
Ikkinchi [이킨치] 두 번째
Uchinchi [우췬치] 세 번째
To'rtinchi [토르틴치] 네 번째
Beshinchi [베쉰치] 다섯 번째
Oltinchi [얼띤치] 여섯 번째

Yettinchi [예띤치] 일곱번째
Sakkizinchi [싸크진치] 여덟번째
To'qqizinchi [토크진치] 아홉번째
O'ninchi [오닌치] 열번째
Yigirmanchi [이기르만치] 스무번째
O'ttizinchi [오뜨즌치] 서른번째

오늘은 며칠입니까?	Bugun nechinchi sana? [부군 네췬치 싸나?]
오늘은 3월 6일입니다	Bugun 6 (olti)nchi mart [부군 얼띤치 마르트]
내일은 5월 24일입니다	Ertaga 24 (yigirma to'rt)inchi may [에르타가 이기르마 토르틴치 마이]

Bittadan [비따단] 1개씩
Ikkitadan [이키따단] 2개씩
Uchtadan [우치따단] 3개씩
To'rttadan [토르타단] 4개씩

4분의 1	To'rtdan bir qismi / chorak [토르트단 브르 크스므 / 처락]

번호
Son/raqam
[썬/라캄] 06

2분의 1 / 절반	Ikkidan bir qismi / yarim [이키단 브르 크스므 / 야름]
아이스크림 1개 주세요	Bitta muzqaymoq bering. [비따 무스카이먹 베링] * Bitta[비따] 1개
지금 몇 시입니까?	Hozir soat nechi? [허즈르 쏘앝 네취?]
지금 몇 시가 되었어요	Hozir soat nechi bo'ldi? [허즈르 쏘앝 네취 볼드?]
지금 6시입니다	Hozir soat olti [허즈르 쏘앝 얼뜨]
지금 4시로부터 15분이 지났어요 = 지금 4시 15분입니다	Hozir to'rtdan o'n besh minut o'tdi [허즈르 토르트단 온 베쉬 미누트 오뜨]

06_숫자/번호 Son/raqam

내일 시간이 있으세요?	**Ertaga vaqtingiz bormi?** [에르타가 박팅기즈 버르므?] * Soat[쏘알] 시 / * Vaqt[박트] 시간
내일 시간이 있습니다/없습니다	**Ertaga vaqtim bor / yoʻq** [에르타가 박틈 버르 / 요크]
언제 오세요?	**Qachon kelasiz?** [카천 켈라쓰즈?]
(나는) 5시간 후에 옵니다	**Besh soatdan keyin kelaman** [베쉬 쏘알단 케인 켈라만] *keyin 은 "다음에"라는 뜻이지만, "~후에"라는 뜻도 있습니다.

Minut [미누트] 분
Sekund [세쿤드] 초
Yarim [야름] 절반
Ertalab [에르탈랍] 아침
Kunduz [쿤두즈] 낮
Tushlikdan keyin [투쉴릭단 케인] 점심 후에
Kechqurun [케취쿠룬] 저녁
Tun [툰] 밤

번호
Son/raqam
[썬/라캄] 06

당신은 몇 시에 일어나세요?	Siz soat nechida uyg'onasiz? [쓰즈 쏘앝 네치다 우이고나쓰즈?]
나는 보통 아침 7시에 일어납니다	Men odatda ertalab soat 7(yetti)da uyg'onaman [멘 어닷다 에르탈랍 쏘앝 예뜨다 우이고나만]
당신은 몇 시에 아침 식사를 하세요?	Siz soat nechida nonushta qilasiz? [쓰즈 쏘앝 네치다 너누쉬따 클라쓰즈?]
나는 보통 7시 30분에 아침 식사를 합니다.	Men odatda soat 7(yetti) yarimda nonushta qilaman [멘 어닷다 쏘앝 예뜨 야름다 너누쉬따 클라만]
어제 몇 시에 잤어요?	Kecha soat nechida uxladingiz? [케차 쏘앝 네치다 우흘라딩기즈?]
어제 11시에 잤어요.	Kecha soat 11(o'n bir)da uxladim. [케차 쏘앝 온 브르 다 우흘라듬]

친구와 함께 몇 시에 (어디에서) 만나요?	Do'stingiz bilan soat nechida (qayerda) ko'rishasiz? [도스팅기즈 블란 쏘앝 네치다 (카예르다) 코리샤쓰즈?]
점심 후에 4시에 식당에서 만납니다	Tushlikdan keyin soat 4(to'rt)da (kafeda) ko'rishaman. [투쉴릭단 케인 쏘앝 토르트다 까페다 코리샤만] *한국어의 까페는 커피숍이지만, 우즈벡어의 까페는 식당입니다. 우즈벡어로 커피숍은 qahvaxona[카흐바허나] 입니다.
하루에 몇 번 양치를 하세요?	Bir kunda nechi marta tishingizni yuvasiz? [브르 쿤다 네치 마르타 티슁기즈느 유바쓰즈?]
하루에 책을 몇 장을 읽으세요?	Kuniga nechi varoq kitob o'qiysiz? [쿠느가 네치 바럭 키텁 오키이쓰즈?] * varoq은 책 페이지의 앞장과 뒷장을 포함한 종이 1장의 뜻입니다. bet는 책의 한 페이지입니다.
나는 보통 하루에 10장을 읽어요.	Men odatda kuniga 10(o'n) varoq o'qiyman. [멘 어닷다 쿠느가 온 바럭 오크이만]

36 우즈베크 생활회화

번호
Son/raqam
[썬/라캄] 06

har doim [하르 더임] 항상
odatda [어닷다] 보통

shu kunlarda / hozirgi kunlarda
[슈 쿠라르다 / 허지르기 쿠라르다]
요즈음 / 요즈음

07

쇼핑

Xarid [하리드]

쇼핑
Xarid[하리드] 07

당신은 오늘 어디에 갑니까?	Siz bugun qayerga borasiz? [쓰즈 부군 카에르가 버라쓰즈?]
나는 오늘 가게에 갑니다	Men bugun do'konga boraman [멘 부군 도콘가 버라만]
환영합니다	Xush kelibsiz [후쉬 켈릅쓰즈]
무엇을 찾으세요?	Nima qidiryapsiz? [느마 크드르얍쓰즈?]
(당신에게) 무슨 도움을 줄 수 있을까요?	Nima yordam bera olaman? [느마 여르담 베라 얼라만]
(원피스 옷, 소설, 책, 사과, 전화)가 있습니까?	(Ko'ylak, roman, kitob, olma, telefon) bormi? [(코일락, 라만, 키텁, 얼마, 텔레폰) 버르므?]
예, 있습니다/없습니다	Ha, bor / Yo'q [하, 버르 / 요크]
나에게 (검은, 파란, 빨간, 초록색, 보라색, 흰, 노란, 회색) 원피스 옷을 보여주세요	Menga (qora, ko'k, qizil, yashil, siyohrang, oq, sariq, kulrang) ko'ylak ko'rsating. [멘가 (커라, 콕, 크즐, 야쉴, 씨요흐랑, 억, 싸륵, 쿨랑) 코일락 코르싸팅]

(옷을) 입어보아도 되요?	Kiyib ko'rsang bo'ladimi?	[키입 코르쌍 볼라드므?]
예, 입어보셔도 됩니다	Ha, kiyib ko'rsangiz bo'ladi.	[하, 키입 코라쌍기즈 볼라드]
색깔이 아주 마음에 들어요	Menga rangi juda yoqdi	[멘가 랑기 주다 역드]
다른 색도 있어요?	Boshqa rang ham bormi?	[버쉬카 랑 함 버르므?]
몇 종류 색깔들이 있어요?	Nechi xil ranglari bor?	[네치 흘 란글라르 버르?]

> och [어춰] (가볍게) 밝은. 영어의 light에 해당
> yorqin [여르큰] (진하게) 밝은. 영어의 bright에 해당

싸이즈가 안 맞아요	O'lchami to'g'ri kelmayapti	[올차므 토그르 켈마얍뜨]
(조금 더 작은, 조금 더 큰) 사이즈로 주세요	O'lchami (kichkinarog'i, kattarog'i)dan bering	[올차므 (키춰키나러그, 카타러그)단 베링]
얼마예요?	Nechi pul?	[네춰 풀?]

*같은 표현: Qancha?[칸차?] 얼마에요?

쇼핑
Xarid [하리드] 07

20만 쏨	200 000 (ikki yuz ming) so'm [이키 유즈 밍 쏨]
우리는 지금 가격 할인을 (합니다, 하고 있어요)	Bizda hozir chegirma (bo'lmoqda, bo'lyapti) [브즈다 허즈르 체기르마 (볼먹다, 볼얍뜨)]
이것은 할인된 가격이에요?	Bu chegirmadagi narximi? [부 체기르마다그 나르흐므?]
싸게 해주세요	Arzonroq qilib bering [아르전 클릅 베링]
환불 / 교환 가능한가요?	Pulni qaytarib olish / narsani almashtirish mumkinmi? [풀느 카이타릅 얼리쉬 / 나르싸느 알마쉬트리쉬 뭄킨므?]
어떤 것으로 교환하고 싶으세요? 어떤 것으로 바꾸려고 하세요?	Qaysi biriga almashtirmoqchisiz? [카이쓰 브르가 알마쉬트르먹치쓰즈?]
조금 기다려 주세요	Ozgina kutib turing [어즈기나 쿠틉 투링]
바로 여기에, 있습니다	Mana, marhamat [마나, 마르하맡]
영수증을 줄께요	Chek beraman [첵 베라만]
영수증을 주세요	Chek bering [첵 베링]

08

전화에 (충전한) 돈이 안 남았어요
Telefonimda pul qolmadi!
[텔레포늠다 풀 컬마드!]

전화에 (충전한) 돈이 안 남았어요
Telefonimda pul qolmadi! 08
[텔레포늠다 풀 컬마드!]

여보세요	Allo [알로]
실례합니다, 누구세요?	Kechirasiz, siz kimsiz? / Kechirasiz, kim bu? [케취라쓰즈, 쓰즈 킴쓰즈? / 케취라쓰즈, 킴 부?]
~와 함께 말해도 됩니까? ~와 통화해도 되나요?	~bilan gaplashsam bo'ladimi? [~블란 갸플라쉬쌈 볼라드므?]
~를 바꿔 주세요	~ni chaqirib bering [~느 차크릅 베링]
예, 지금 바꿔 드릴게요. 조금 기다리세요	Ha, hozir chaqiraman. Ozgina kutib turing [하, 허즈르 차크라만. 어즈기나 쿠틉 투링]
실례합니다, ~지금 (~씨가) 없습니다	Kechirasiz, ~ hozir yo'q edi [케취라쓰즈, ~허즈르 요크 에드]
(그는) 조금 전에 밖에 나갔어요	Biroz oldin tashqariga chiqib ketdi. [브러즈 얼든 타쉬카르가 치큡 켓드]
내일 또 전화할 거라고 전해주세요	Ertaga yana telefon qilar ekan deb aytib qoying. [에르타가 야나 텔레폰 클라르 에칸 뎁 아이틉 코잉]

1시간 후에 또 전화할게요	Bir soatdan keyin yana telefon qilaman. [브르 쏘앝단 케인 야나 텔레폰 클라만] * Qo'ng'iroq qilaman[콩그럭 클라만] (문어체로) 전화할께요
전화를 잘못 걸었어요	Adashib tushdingiz / boshqa joyga tushdingiz. [아다쉽 투쉬딩기즈 / 버쉬카 저이가 투쉬딩기즈]
전화번호를 다시 한 번 확인해 보세요	Telefon raqamni yana bir marta tekshirib ko'ring [텔레폰 라캄느 야나 브르 마르따 텍쉬릅 코링]
~와 연락할 수 있었어요?	~bilan bog'lana oldingizmi? [~블란 버글라나 얼딩기즈므?]
아니오. 전화가 통화 중이었요	Yo'q, telefon band edi [요크, 텔레폰 반드 이드]
(당신의) 전화 번호를 주세요	Telefon raqamingizni bering [텔레폰 라카밍기즈느 베링]
전화 번호를 말해주세요	Telefon raqamingizni ayting [텔레폰 라카밍기즈느 아이팅

전화에 (충전한) 돈이 안 남았어요
Telefonimda pul qolmadi!
[텔레포늠다 풀 컬마드!] **08**

	Telefon qilish [텔레폰 클리쉬] 전화를 하기 Telefonni ko'tarish [텔레폰느 코타르쉬] 전화 받기
전화를 못 받았어요	Telefonni ko'tara olmadim [텔레폰느 코타라 얼마듬]
전화 소리를 못들었어요	Telefonni eshitmay qoldim [텔레폰느 에실마이 컬듬]
음성 메시지 남기기	Ovozli xabar qoldirish [어버즐리 하바르 컬드리쉬] * Telefonni qo'yish [텔레폰느 코이이쉬] 전화를 끊기
문자 메시지(이메일)로 보낼게요	SMS(E-mail) orqali yuboraman [에스엠에스(에마일) 어르칼리 유버라만] * orqali [어르칼리]는 ~을 통해서.
다시 말해주실 수 있나요	Gapingizni yana qaytara olasizmi? [갸핑기즈느 야나 카이타라 얼라쓰즈므?]
조금 있다가 전화 하세요 조금 있다가 전화할게요	Keyinroq telefon qiling [케인럭 텔레폰 클링] Keyinroq telefon qilaman [케인럭 텔레폰 클라만]
(휴대전화 회사의) 계좌에 (스마트폰 뱅킹으로) 5만 쏨을 넣어주세요	Hisobimga 50 000 (ellik ming) so'm tashlab bering [히써븜가 엘리크 밍 쏨 타쉴랍 베링]

09

교통
Transport
[뜨란스뽀르뜨]

교통
Transport 09
[뜨란스쁘르뜨]

왼쪽으로 가세요	Chap tomonga yuring [찹 터먼가 유링]
오른쪽으로 가세요	O'ng tomonga yuring [옹 터먼가 유링]
유턴하세요	Buriling [부를링]

(차를) 세워 주세요	To'xtatib yuboring [토흐타팁 유버링]
더 천천히 운전하세요	Sekin (roq) haydang [쎄킨 (럭) 하이당]

~근처에 위치하고 있어요	~yaqinida joylashgan [~야큰다 저일라쉬간]

신호등	svetofor [스베따포르]

*러시아어 단어라서 러시아식 발음으로 읽어야 합니다.

Yer usti yo'li [예르 우스트 욜르] 지상 도로 또는 지상 전철
Yer osti yo'li [예르 어스트 욜르] 지하 도로
Piyodalar o'tish yo'li [피여달라르 오뜨쉬 욜르] 횡단 보도
oldi [얼드] 앞
yoni [여느] 옆
tagi [타그] 밑 또는 아래
o'rtasi [오르타쓰] 중간 또는 가운데
qarshisi [카르쉬스] 반대쪽 또는 건너편
orasi [어라쓰] 사이에
ichi [이취] 안에
orqasi [어르카쓰] 뒤에

여기 세워 주세요	Shu yerda to'xtating [슈 예르다 토흐타팅]

*To'xtatvoring 토흐탓버링은 타슈켄트 사투리로 세워주세요.

건물 앞에 세워 주세요	Bino oldida to'xtating [비너 얼드다 토흐타팅]
~에 어떻게 갈 수 있나요?	~ga qanday borsam bo'ladi? [~가 칸다이 버르쌈 볼라드?]
~까지 몇 시간 걸려요?	~gacha qancha vaqt ketadi? [~가차 칸차 박트 케타드?]
잘못 탔어요 잘못 내렸어요	Adashib chiqibman [아다쉽 츠큽만] Adashib tushibman [아다쉽 투쉽만]
실례합니다	Kechirasiz [케취라쓰즈]
여기에서 ~까지 가는 버스가 있어요?	Shu yerdan ~gacha boradigan avtobus bormi? [슈 예르단 ~가차 버라드간 아프또부스 버르므?]
이 버스를 타면 ~에 갈 수 있어요	Shu avtobusga o'tirsangiz ~ga borsangiz bo'ladi. [슈 아프또부스가 오뜨르쌍기즈 ~가 버르쌍기즈 볼라드]

교통
Transport 09
[뜨란스쁘르뜨]

이 근처에 버스 정류장이 있나요?	Shu yaqin atrofda avtobus bekati bormi? [슈 야큰 아트러프다 아프또부스 베카트 버르므?]
~에서 ~까지	~dan ~gacha [~단 ~가차]
무엇을 타고 갑니까?	Nimada borasiz? [느마다 버라쓰즈?]
택시 / 버스를 타고 갑니다	Taksida / avtobusda boraman [딱씨다 / 아프토부스다 버라만]
버스를 / 지하철을 놓쳐 버렸어요	Avtobusni / metroni o'tkazib yubordim [아프또부스느 / 메트로느 옷카즙 유버르듬]
(버스, 택시, 지하철)에 물건을 두고 갔어요	(avtobus, taksi, metro)da narsamni qoldirib ketibman [(아프또부스, 딱씨, 미뜨로)다 나르쌈느 컬드릅 케틉만]

*metro 지하철은 러시아어라서 "미뜨로"라고 읽습니다.

음악 소리를 줄여 주세요	Musiqa ovozini pasaytiring, iltimos [무씨까 어버즈느 파싸이트링, 일티머스]

10

아플 때
Kasal bo'lganda
[카쌀 볼간다]

아플 때
Kasal bo'lganda
[카쌀 볼간다] 10

어디가 아프세요?	Qayeringiz og'riyapti? [카예링기즈 어그르얍뜨?]

몸살이 나요	Titrab ketyapman [트트랍 케트얍만]
콧물이 나요	Burnim oqyapti [부르늠 어크얍뜨]
허리가 아파요	Belim og'riyapti [벨름 어그르얍뜨]
메스꺼움을 느껴요	Ko'nglim ayniyapti [콩름 아이느얍뜨]
배가 아파요	Qornim og'riyapt [커르늠 어그르얍뜨]
머리가 아파요	Boshim og'riyapti [버쉼 어그르얍뜨]

나에게 약이 필요해요	Menga dori kerak [멘가 더르 케락]

(나의) 배가 소화가 안되요	Oshqozonim yaxshi hazm bo'lmayapti [어쉬커저늠 야흐쉬 하즘 볼마얍뜨]

열이 나요	Isitmam chiqyapti [으슷맘 치크얍뜨]
열이 높아요	Isitmam baland [으슷만 발란드]
코가 막혀요	Burnim bityapti [부르늠 비뜨얍뜨]
기침을 해요	Yo'talyapman [요탈얍만]

토해요 / 토하고 있어요	Qusyapman/Qayt qilyapman [쿠쓰얍만 / 카잇 클얍만] *ich ketishi 이취 케티쉬. 설사 또는 배탈
눈이 아파요 눈이 침침해요 눈이 가려워요	Ko'zim og'riyapti [코즘 어그르얍뜨] Ko'zim hiralashyapti [코즘 히랄라쉬얍뜨] Ko'zim qichiyapti [코즘 크취얍뜨]
	yaralanish [야랄라느쉬] 다치는 것 또는 부상 sinish [쓰느쉬] 부러짐 또는 골절 baland qon bosim [발란드 컨 버씸] 고혈압 past qon bosim [파스트 컨 버씸] 저혈압 qandli diabet [칸들리 지아벳] (각설탕으로 인한) 당뇨병 ko'karish [코카르쉬] 타박상 또는 멍이 든 것 ugri / husnbuzar [우그리 / 후쓴부자르] 여드름 / 여드름
상태가 좋으세요? (건강이) 좋으세요?	Ahvolingiz yaxshimi? [아흐벌링기즈 야흐쉬므?] yaxshimisiz? [야흐쉬므쓰즈?]
예, (건강이) 좋아요	Ha, yaxshiman [하, 야흐쉬만]

아플 때
Kasal bo'lganda
[카쌀 볼간다] 10

도와줄까요? 내가 도와주어도 될까요?	Yordam beraymi? [여르담 베라이므?] Men yordam bersam bo'ladimi? [멘 여르담 베르쌈 볼라드므?]
나에게 도움을 줄 수 있나요?	Menga yordam bera olasizmi? [멘가 여르담 베라 얼라쓰즈므?]
(103번에 전화해서) 앰뷸런스 차를 부르세요	(103) tez yordam chaqiring. [(브르 유즈 우취) 테즈 여르담 차크링]
(102번에 전화해서) 경찰을 부르세요	(102) militsiya chaqiring. [(브르 유즈 이키) 밀리찌야 차크링]
걱정하지 마세요	Xavotirlanmang [하버트를란망]
모든 것이 잘 될 거예요. 다 잘 될 거예요	Hammasi yaxshi bo'ladi [함마쓰 야흐쉬 볼라드]
조금 쉬면 (몸 상태가) 좋아질 거예요	Biroz dam olsam yaxshi bo'lib qolaman. [브러즈 담 얼쌈 야흐쉬 볼릅 컬라만]

10_아플 때 Kasal bo'lganda 53

11

호텔 예약하기
Mehmonxona buyurtma qilish
[메흐먼허나 부유르뜨마 클리쉬]

호텔 예약하기
Mehmonxona buyurtma qilish 11
[메흐먼허나 부유르뜨마 클리쉬]

예약하려고 해요	Buyurtma qilmoqchiman [부유르뜨마 클목취만]
예약을 취소하려고 해요	Buyurtmani bekor qilmoqchiman [부유르뜨마느 베커르 클먹취만]
예약할 때 미리 보증금을 낼 필요가 있나요?	Oldindan buyurtma qilganda depozit kiritish kerakmi? [얼딘단 부유르뜨마 클간다 데퍼짙 크르트쉬 케락므?]
어떤 방을 원하세요?	Qanaqa xona xohlaysiz? [카나카 허나 허흘라이쓰즈?]
2인실 방을 주세요	Ikki kishilik xona bering [이키 키쉴릭 허나 베링]
며칠 동안 머무를 건가요?	Nechi kun qolmoqchisiz? [네취 쿤 컬먹취쓰즈?]
방 가격이 얼마예요?	Xonani narxi qancha? [허나느 나르흐 칸차?]
(당신들에게) 빈 방이 있으세요?	Sizlarda bo'sh xona bormi? [쓰즐라르다 보쉬 허나 버르므?]

오늘 밤에 머무를 빈 방이 있나요?	Bugun tunda qolishga bo'sh xonangiz bormi? [부군 툰다 컬리쉬가 보쉬 허낭기즈 버르므?]
조용한 방을 주세요	Tinchroq xona bering [틴치럭 허나 베링]
옆에 있는 방으로 주세요	Yonidagi xonadan bering [여니다그 허나단 베링]
아침 식사도 (호텔비에) 포함되어 있나요?	Nonushtaham ichidami? [너누쉬따함 이치다므?]
이 합계 금액은 세금과 서비스 봉사료도 포함되어 있나요?	Bu summaga soliq va xizmat haqi ham kiradimi? [부 쑤마가 썰륵 바 흐즈맡 하크 함 크라드므?]
(교통비 / 식비 / 입장료 / 1박 숙박비)의 가격이 얼마예요?	(Transport to'lovi / oziq ovqat uchun to'lov / kirish puli / bir kecha to'lovi)ning narxi qancha? [(뜨란스뽀르뜨 톨러브 / 어즉 어브캇 우춘 톨러브 / 크리쉬 풀르 / 브르 케차 톨러브)닝 나르흐 칸차?]
싼 / 비싼 또는 싸다 / 비싸다	Arzon / qimmat [아르전 / 큼맡]

호텔 예약하기
Mehmonxona buyurtma qilish 11
[메흐먼허나 부유르뜨마 클리쉬]

호텔 근처에 한국 식당이 있어요?	Mehmonxona atrofida koreys oshxonasi bormi?[메흐먼허나 아트러피다 카레이스 어쉬허나쓰 버르므?]
수영장 / 찜질방을 이용하려고 해요	Basseyndan / spadan foydalanmoqchiman. [바쎄인단 / 스파단 퍼이달란먹취만]
와이 파이가 작동됩니까?	Wi-fi ishlaydimi? [바이 파이 이쉴라이드므?]
창문에서 아름다운 풍경이 보이는 방을 주세요	Oynadan chiroyli manzarasi bo'lgan xonadan bering. [어이나단 취로일리 만자라쓰 볼간 허나단 베링]
많은 돈이 들어요 / 적은 돈이 들어요	Ko'p pul ketadi. / Kam pul ketadi [콥 풀 케타드 / 캄 풀 케타드]
경치가 아름다워요	Tabiati chiroyli [타비아트 취로일리]
다음 달에 여행을 갑니다	Keyingi oyda sayohatga ketaman [케인기 어이다 싸요핫가 케타만]
할인 가격으로 표를 샀어요	Chiptani chegirmada sotib oldim. [칩타느 체기르마다 써팁 얼듬]

11_호텔 예약하기 Mehmonxona buyurtma qilish

12

우체국
Pochta [포츠타]

우체국
Pochta [포츠타] 12

환영합니다. 무엇을 도와드릴까요?	Xush kelibsiz. Nima yordam bera olaman? [후쉬 켈릅쓰즈. 느마 여르담 베라 얼라만?]
편지를 보내러 왔어요	Xat jo'natishga keldim [핫 조나트쉬가 켈듬]
소포를 보내려고 해요	Jo'natma yubormoqchiman [조낟마 유버르먹취만]
어디로 보내려고 하세요?	Qayerga jo'natasiz? [카예르가 조나타쓰즈?] Qayerga jo'natmoqchisiz? [카예르다 조낟먹취쓰즈?]
한국에 보내려고 해요	Koreyaga jo'nataman [카레야가 조나타만] Koreyaga jo'natmoqchiman [카레야가 조낟먹취만]

소포를 저울 위에 놓으세요	Jo'natmani tarozi ustiga qoying [조낱마느 타러즈 우스트가 코잉]
안에 뭐가 있어요?	Ichida nima bor? [이취다 느마 버르?]
(책, 옷, 화장품) 있어요	(Kitob, kiyim, kosmetika) bor. [(키텁, 키임, 카스메티카) 버르]
2 킬로그램. 가격은 5만 쏨입니다	2 (ikki) kilogram. Narxi 50 000 (ellik ming) so'm. [이키 킬로그람. 나르흐 엘리크 밍 쏨]
(소포가) 한국에 도착하기까지 얼마나 걸려요?	Koreyagacha yetib borguncha qancha vaqt ketadi? [카레야가차 예틉 버르군차 칸차 박트 케타드?]
보통 1주일 정도 걸려요	Odatda bir haftacha ketadi. [어닷다 브르 하프타차 케타드]

우체국
Pochta [포츠타] **12**

13

은행
Bank [방크]

은행
Bank [방크] 13

여기 가까운 은행이 어디에 있습니까?	Shu yerga yaqinroq bank qayerda bor? [슈 예르가 야큰럭 방크 카예르다 버르?]
환율이 얼마입니까?	Kurs qancha bo'lyapti? [꾸르스 칸차 볼얍뜨?]
(나는) 돈을 환전하고 싶습니다	Pul almashtirmoqchiman [풀 알마쉬트르먹치만]
나는 쏨을 달러로 환전하고 싶습니다	Men so'mni dollarga almashtirmoqchiman [멘 쏨느 돌라르가 알마쉬트르먹치만]
달러를 쏨으로 환전해 주세요	Dollarni so'mga almashtirib bering. [돌라르느 쏨갸 알마쉬트릅 베링]
플라스틱 카드를 만들려고 해요	Plastik karta ochtirmoqchiman [쁠라스틱 까르따 어취트르먹치만]
예금계좌를 만들고 싶습니다	Omonat daftarcha ochtirmoqchiman. [어머낱 다프타르차 어치트르먹치만]
돈을 찾으려고 해요	Pul yechib olmoqchiman [풀 예츱 얼먹치만]

송금하고 싶습니다	Pul o'tkazmoqchiman [풀 옷카즈먹치만]
수수료가 있습니까?	Komissiya to'lovi bormi? [까미씨야 톨러브 버르므?]
최대 얼마를 찾을 수 있습니까?	Maksimum qancha yechib olishim mumkin? [막씨뭄 칸차 예츕 얼리쉼 뭄큰?]
여기 가까운 현금 지급기가 어디에 있습니까?	Bu yerga yaqin bankomat qayerda bor? [부 예르가 야큰 방까맡 카예르다 버르?]
비밀번호를 잊어버렸어요	Parolni unutib qo'ydim [빠롤느 우누틉 코이듬]
어디에 서명하면 되요?	Qayerga qo'l qo'yishim kerak? [카예르가 콜 코이쉼 케락?] *Qo'l qo'ying[콜 코잉] 서명하세요 Qayerga imzo qo'yishim kerak? [카예르가 임저 코이쉼 케락?] *문어체에서는 서명을 imzo라고 한다.
여기에 서명하세요	Bu yerga qo'l qo'ying [부 예르가 콜 코잉]

은행
Bank [방크] 01

돈을 보내려고 해요	Pul jo'natmoqchiman [풀 조낱먹치만]
신청서를 작성하고, 여기에 서명하세요	Arizani to'ldirib, shu yerga qo'l qo'ying [아리자느 톨드릅, 슈 예르가 콜 코잉]
여권을 보여주세요	Pasportingizni ko'rsating [빠스뽀르팅기즈느 코르싸팅]
(당신의) 여권을 가지고 오세요	Pasrportingizni olib keling [빠스뽀르팅기즈느 얼릅 켈링]
(당신의) 집 주소와 전화번호를 쓰세요	Uy manzilingiz va telefon raqamingizni yozing [우이 만질링기즈 바 텔레폰 라카밍기즈느 여징]
조금 기다리세요	Ozgina kutib turing [어즈기나 쿠틉 투링]
도장을 찍어주세요	Pechat urib berin [뻬찻 우릅 베링]
비밀번호를 입력하세요	Parolingizni kiriting [빠롤링기즈느 크르팅]

13_은행 Bank

14

미용실
Go'zallik saloni
[고잘릭 쌀러느]

미용실
Go'zallik saloni
[고잘릭 쌀러느] 14

go'zallik saloni [고잘릭 쌀러느] 미용실
soch [써치] 머리카락
cho'lka [촐까] 앞머리
turmak [투르막] 치장
jingalak [징갈락] 곱슬 머리, 웨이브
kesmoq [케스먹] 자르다
turmaklamoq [투르마클라먹] 치장하다
bosh yuvmoq [버쉬 유브먹] 머리를 감다
sochni quritmoq [써취느 쿠르트먹] 머리를 말리다
sochni bo'yamoq [써취느 보야먹] 머리를 염색하다
sochni ximiya qilmoq [써치느 히미야 클먹]
머리를 파마하다
sochni boteks qilmoq [써치느 버텍스 클먹]
머리를 보톡스 하다
sochni dazmol qilmoq [써치느 다즈멀 클먹]
머리를 펴다
pardoz qilmoq [빠르더즈 클먹] 화장하다
to'q pardoz [톡 빠르더즈] 진한 화장
och pardoz [어취 빠르더즈] 진하지 않는 화장
suniy kiprik [쑤니이 키프릭] 가짜 속눈썹
ko'z uchun qovoq [코즈 우춘 커벅]
눈위에 붙이는 쌍꺼풀

미용실이 어디에 있어요?	Go'zallik saloni qayerda bor? [고잘륵 쌀러느 카예르다 버르?]
머리카락을 자르고 싶어요	Sochimni kestirmoqchiman [써침느 케스트르먹취만]

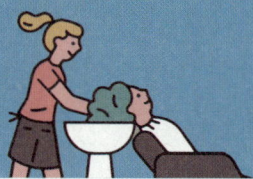

앞 머리카락도 자를까요?	Cho'lkangizni ham kesaymi? [촐캉기즈느 함 케싸이므?]
머리를 치장하러 왔어요	Sochimni turmaklatgani keldim [써침느 투르막랏갸느 켈듬]
파마 머리를 하고 싶어요	Sochimni jingalak qilishni xohlayman [써침느 징갈락 클르쉬느 허흘라이만]
그다지 많이 자르지 마세요	Unchalik ko'p kesmang [운찰릭 콥 케스망]
결혼식에 맞게 헤어 스타일을 해주세요	To'yga mos turmaklab bering [토이갸 머스 투르마클랍 베링]
머리를 감아야 해요?	Boshimni yuvish kerakmi? [버쉼느 유브쉬 케락므?]
머리를 헤어드라이어로 말려줄 수 있나요?	Sochimni fenda quritib qo'ya olasizmi? [써침느 펜다 쿠르틉 코야 얼라쓰즈므?]

미용실
Go'zallik saloni
[고잘릭 쌀러니] 14

머리를 검은 색으로 염색하려고 해요	Sochimni qora rangga bo'yamoqchiman [써침느 커라 랑갸 보야먹치만]
나에게 이벤트 행사를 위한 연한 화장을 해주세요	Menga tadbir uchun och pardoz qilib qo'ying [멘가 타드브르 우춘 어취 빠르더즈 클릅 코잉]
가짜 속눈썹도 하려고 해요	Suniy kiprik ham qo'ydirmoqchiman [쑤니이 키프릭 함 코이드르먹치만]
머리를 덜 불룩하게 해주세요	Sochimni kamroq ishiring [써침느 캄럭 이쉬링]
젊어 보이게 화장해주세요	Meni yoshroq ko'rsatadigan pardoz qilib qo'ying [메느 여쉬럭 코르싸타디간 빠르더즈 클릅 코잉]
파마하는 데 얼마예요?	Ximiya qilish necha pul bo'ladi? [히미야 클르쉬 네차 풀 볼라드?]

15

상점
Do'kon [도컨]

상점
Do'kon [도컨] 15

oziq-ovqat [어즈-어브캇] 식품
bozorlik qilmoq [버저를릭 클먹] 장을 보다
sotuvchi [써투브치] 상인 또는 물건 판매자
mijoz/xaridor [미저즈 / 하리도르] 손님 / 고객
sabzavot [싸브자벗] 채소 또는 야채
meva [메바] 과일
sut mahsulotlari [숟 마흐쑬러틀라르] 유제품
yaroqlilik mudati [야러클릴릭 무다뜨] 유통 기간
ziravor [즈라버르] 조미료
paket [빠켙] 봉지
navbatda turmoq [나브받다 투르먹] 줄을 서다
kassa [까싸] 계산대 또는 매표소
issiq non [으쓱 넌] 따뜻한 빵
o'lchab bermoq [올찹 베르먹] (저울로) 재다
qandolat mahsulotlari [칸덜랏 마흐쑬러틀라르] 과자 제품
qaytim [카이틈] 잔돈
chek [첵] 영수증
QR kodli chek [큐 알 코들리 첵] QR 코드가 있는 영수증

| 따뜻한 빵이 언제 준비가 됩니까? | Issiq non qachon tayyor bo'ladi? [으쓱 넌 카천 타이여르 볼라드?] |

| 줄서서 기다리세요 | Navbatingizni kuting [나브바팅기즈느 쿠팅] |

이것의 무게를 측정해 주세요	Shuni o'lchab bera olasizmi? [슈느 올찹 베라 얼라쓰즈므?]
유제품을 어디서 찾을 수 있어요?	Sut mahsulotlarini qayerdan topsam bo'ladi? [숱 마흐쑬러틀라르느 카예르단 텁쌈 볼라드?]
봉지가 필요하세요?	Paket kerakmi? [빠켓 케락므]
유통 기간이 안 지났나요?	Yaroqlilik muddati o'tib ketmaganmi? [야러클릴릭 무다뜨 오틉 켓마갼므?]
장을 어디에서 보면 좋을까요?	Bozorlikni qayerdan qilganim yaxshi? [버저를리크느 카예르단 클갸늠 야흐쉬?]
거스름돈을 받으세요	Qaytimingizni oling [카이트밍기즈느 얼링]
포도 1킬로그램을 주세요	Bir kilo uzum bering [브르 낄로 우줌 베링]

상점
Do'kon [도컨]] 15

존경하는 고객님, 카드와 물건을 잊지 마세요 (놓고 가지 마세요)	Hurmatli mijoz,kartochkangizni va mahsulotlaringizni unutmang! [후르마틀리 미저즈, 까르또취깐기즈느 바 마흐쑬러틀라링기즈느 우눗망]
나에게 계산서를 주세요!	Menga chek bering! [멘가 첵 베링!]
나에게 큐알 코드를 주세요!	Menga QR kod bering! [멘가 큐 알 꼬드 베링!]

15_상점 Do'kon

16

공항
Aeroport
[아에라쁘르뜨]

공항
Aeroport [아에라뽀르뜨] 16

sayohatga bormoq/sayohat qilmoq
[싸요핫가 버르먹 / 싸요핫 클먹] 여행을 가다 / 여행 하다

viza [비자] 비자
pasport [빠스뽀르뜨] 여권
samolyot chiptasi [싸말욧 칩타쓰] 비행기 표
borish-kelish [버리쉬-켈리쉬] 왕복
chemodan yig'ish [치마단 이그쉬] 짐가방 싸기
　* chemodan은 러시아어 단어이고 치마단으로 읽습니다.

kiyim [키임] 옷
aeroport [아에라뽀르뜨] 공항
pasport nazorati [빠스빠르뜨 나저라트] 여권 검사
bojxona nazorati [버지허나 나저라트] 세관 검사
tranzit orqali uchish
[뜨린짙 어르칼리 우취쉬] 경유 통과 비행
bagaj(=yuk) [바가쉬 (=유크)] 짐 또는 수하물
uchish vaqti [우취쉬 박뜨] 이륙 시간
qo'nish vaqti [코느쉬 박뜨] 착륙 시간
Uchish-qo'nish jadvali [우취쉬-코니쉬 자드발르]
이륙 착륙 일정표
kutish zali [쿠티쉬 잘르] 대기실
styuardessa [스쮸아르데싸] 여자 승무원
uchuvchi [우추브취] 조종사
kirish joyi [크리쉬 저이] 입구
chiqish joyi [츠크쉬 저이] 출구
sarguzasht [싸르구자쉬트] (여행의) 모험거리

이번 휴가에는 여행을 가려고 해요	Bu ta'tilda sayohatga bormoqchiman. [부 타아틀다 싸요핫갸 버르먹취만]

왕복 표를 한꺼번에 사려고 해요	Borish-kelish chiptasini bittada olmoqchiman [버리쉬-켈리쉬 칩타쓰느 비따다 얼먹취만]
나에게 편도 표를 주세요	Menga faqat borish biletini bering [멘가 파캇 버리쉬 빌례트느 베링]
치료 받으러 가고 있어요	Davolangani ketyapman [다벌랑갸느 케트얍만]
(당신의) 비자는 3일 후에 준비됩니다	Vizangiz 3(uch) kundan keyin tayyor bo'ladi [비장기즈 우취 쿤단 케인 타이여르 볼라드]
짐을 싸기 싫어요	Chemodan yig'ishni yoqtirmayman [치마단 예그쉬느 역트르마이만]
여권 등록을 하세요	Pasportingizni ro'yhatdan o'tkazing [빠스뽀르팅기즈느 로이핫단 옷카징]
짐을 세관 검사 하세요	Yuklaringizni bojxona nazoratidan o'tkazing [유클라링기즈느 버지허나 나조라트단 옷카징]

공항
Aeroport [아에라뽀르뜨] 16

휴대용 수화물은 최대 8 킬로그램입니다	Qo'l yukining og'irligi maksimum 8(sakkiz)kilogram [콜 유키닝 어그를리그 막씨뭄 싸크즈 킬로그람]
이륙 시간이 언제예요?	Uchish vaqti qachon? [우취쉬 박트 카천?]
이륙 시간을 어디에서 볼 수 있어요?	Uchish vaqtini qayerdan ko'rsam bo'ladi? [위취쉬 박트느 카예르단 코르쌈 볼라드?]
운항 시간을 이륙-착륙 일정표에서 보실 수 있어요	Reysingizni vaqtini uchish-qo'nish jadvalidan ko'rsangiz bo'ladi [레이씽기즈느 박트느 우취시-코니쉬 자드발르단 코르쌍기즈 볼라드]
질문이 있으시면 안내 센터로 가세요	Savollaringiz bo'lsa ma'lumotxonaga boring [싸벌라링기즈 볼싸 물루멋허나갸 버링]
경유해서 날아갑니다	Tranzit orqali uchyapman [뜨란짙 어르칼리 위취얍만]
어떤 문제가 생기면 여승무원을 부르세요	Qandaydir muammo bo'lsa styuardessani chaqiring [칸다이드르 무암머 볼싸 스쮸아르데싸느 차크링]

16_공항 Aeroport

17

여행
Sayohat [싸여핫]

여행
Sayohat [싸여핫]

Sayohat/ sayohat qilmoq [싸여핫 / 싸여핫 클먹] 여행/여행하다
Sayohatchi [싸요핫취] 여행자
Chet el [쳇 엘] 외국
Dunyo bo'ylab sayohat [두녀 보일랍 싸여핫] 세계 여행
Davlatlararo sayohat [다블랏라라러 싸여핫] 국외 여행

Davlat ichida shaharlararo sayohat
[다블랏 이취다 샤하를라라러 싸여핫] 국내 도시 여행

Tur sayohat [투르 싸여핫] 패키지 여행
Tibbiy sayohat [트비이 싸여핫] 의료 여행
Mehmonxona [메흐먼허나] 호텔
(uch)kecha (to'rt)kunduz [우취 케차 토르트 쿤두즈] 3박 4일
Transport turi [뜨란스뽀르뜨 투르] 교통 유형 또는 교통 수단
Poyezd [뽀예즈드] 기차
Kema [케마] 배
Taksi [탁씨] 택시

Issiq o'lka/ sovuq o'lka
[으쓕 올까/써북 올까] 따뜻한 나라/추운 나라

Orol [어럴] 섬
Dengiz [뎅기즈] 바다
Plyaj(=sohil) [쁠랴쉬 (=써흘) 해수욕장] 호숫가
Qalin kiyim [칼른 키임] 두꺼운 옷
Yupqa kiyim [윰카 키임] 얇은 옷
Festival [페스찌발] 축제
Ko'cha tomoshalari [코차 터머샬라르] 길거리 공연

Aylanadigan/ ko'radigan joylar
[아일라나디간 / 코라디간 저일라르] 방문 / 구경 장소들

 Bog' [버그] 공원
* g'는 목젖을 강하게 떨며 울리는 유성음.

Esdalik sovg'alar [에스달릭 써브갈라르] 기념품

Yangi do'stlar bilan tanishish
[얀기 도스틀라르 블란 타니쉬쉬] 새로운 친구들을 사귀기

Tarixiy joylar
[타리히이 저일라르] 역사적인 장소들 = 유적지

buyurtma qilmoq
[부유르뜨마 클먹] 주문하다 또는 예약하다

친구들과 함께 해외 여행을 가요	Do'stlarim bilan chet el sayohatiga ketyapmiz [도스틀라름 블란 쳇 엘 싸요하트갸 케트얍므즈]
여행사를 통해서 호텔도 예약했어요	Sayohat firma orqali mehmonxona ham buyurtma qildik [싸여핱 피르마 어르칼리 메흐먼허나 함 부유르뜨마 클딕]
따뜻한 나라로 갈 때 얇은 옷을 가져갈 필요가 있어요	Issiq o'lkaga ketayotganda yupqa kiyim olish kerak [으씩 올캬가 케타옅간다 윱카 키임 얼리쉬 케락]
(해수욕장)에 갈 때, 썬 크림을 잊지 마세요	(Plyaj/sohil)ga borganda quyoshga qarshi kremni yodingizdan chiqarmang [(쁠랴쉬/써힐)가 버르간다 쿠여쉬가 카르쉬 크렘느 여딩기즈단 치카르망]

여행
Sayohat [싸여핫] 17

| 호텔 창문에서 바다가 보여요 | Mehmonxonamiz oynasidan dengiz ko'rinib turadi [메흐먼허나므즈 어이나쓰단 뎅기즈 코르닙 투라드] |

| 축제 참가와 길거리 공연 관람은 무료입니다 | Festivalarga qatnashish va ko'cha tomoshalarini tomosha qilish bepul [페스찌발라르가 캇나쉬쉬 바 코차 터머샬라르느 터머샤 클르쉬 베풀] |

| 볼만한 역사적인 장소들을 구경했어요 | Ko'rishga arziydigan tarixiy joylarni aylandik [코리쉬갸 아르지이디간 타리히이 저일라르느 아일란딕] |

| 돌아오는 날에 가까운 사람들을 위해 기념품들을 샀습니다 | Qaytadigan kunimizda yaqinlarimiz uchun esdalik sovg'alar oldik [카이타드간 쿠느미즈마 야큰라르므즈 우춘 에스달릭 써브갈라르 얼딕] |

| 여행하는 동안 많은 친구들과 사귀었어요 | Sayohatimiz davomida ko'p yangi do'stlar bilan tanishdik [싸여하트므즈 다버므다 콥 얀기 도스틀라르 블란 타니쉬딕] |

| 국내 도시들을 여행할 때는 기차가 편해요 | Shaharlararo sayohat qilayotganda poyezd qulay [샤햐를라라러 싸여핫 클라옡간다 뽀여즈드 쿨라이] |

18

사무실
Ishxona / Ish joyi
[이쉬허나 / 이쉬 저이]

사무실
Ishxona / Ish joyi
[이쉬허나 / 이쉬 저이]

Ish joyi [이쉬 저이이] 사무실
Ishga borish [이쉬가 버리쉬] 출근
Ishdan qaytish [이쉬단 카이트쉬] 퇴근
Direktor(Boshliq) [디렉뜨르(버쉴륵)] 임원 (사장님)
Bo'lim boshlig'i [볼름 버쉴르그] 부서장
Hamkasb [함캬씁] 동료
Yangi kelgan hodim [얀기 켈간 허듬] 신입 사원
Kompyuter [깜쀼떼르] 컴퓨터
Printer [쁘린떼르] 프린터 / Qog'oz [커고즈] 종이
*Printerga qog'oz tiqilib qolmoq [쁘린떼르갸 커코즈 트클립 컬먹] 프린터에 종이가 걸려 있어요

Svet o'chib qolishi [스벳 오칩 컬리쉬] 전기가 나간 것. 정전
Ish / vazifa [이쉬 / 바지퍄] 업무 / 일
Ish vaqti [이쉬 박트] 업무 시간
Kunduzgi payt ish (=smen)
[쿤두즈그 파이트 이쉬 (=스멘)] 낮 근무
Kechki payt ish (=smen)
[케취키 파이트 이쉬 (=스멘)] 밤 근무
Bir stavka (to'liq ish haqiga ishlash)
[브르 스따프까 (톨륵 이쉬 하키가 이쉴라쉬)] 종일 근무
 *stavka는 러시아어 단어라서 스따프까로 읽습니다.

Yarim stavka(yarim ish haqqiga ishlash)
[야름 스따프까 (야름 이쉬 하키가 이쉴라쉬)] 반나절 근무

Kofemashina [꼬페마쉬나] 커피 머신
Tushlik vaqti [투쉴륵 박트] 점심 시간
Mehnat ta'tili [메흐낱 타아틀르] 연차 휴가
O'z hisobidan ta'til olish [오즈 히써브단 타아틀 얼리쉬]
무급 휴가 *직역하면, 자기 돈을 쓰면서 휴가를 받기.

 Ishdan javob olmoq/so'ramoq
[(이쉬단 자법 얼먹/쏘라먹)] 조퇴 허락 받기/(조퇴 여부를) 물어보기
*직역하면, "업무에서 대답을 받기 / 물어보기"이지만, 의역해서 사정상 일찍 집에 가려고 "조퇴 허락 받기"로 번역.

Oylik [어일릭] 월급
Mukofot puli [무커펏 풀르] 성과급
Majlis [마즐리스] 회의
Muhr(shtamp) [무흐르(=슈땀프)]

Ish(mehnat) shartnomasi
[이쉬(메흐낱) 샤르트너마쓰] 근로 계약서
Mehnat daftarchasi
[메흐낱 다프타르차쓰] 근무 기록서 (연금 받을 때 필요)
Kasallik ta'tili(bolnichniy)
[카쌀릭 타아틀르 (=발니취느이)] 병가
*bolnichniy는 러시아어 단어이고 "발니취느이"로 읽습니다.

Tibbiyot ma'lumotnoma (spravka)
[트비엳 말루멋너마(스쁘라프까)] 진단서
* spravka는 러시아어 단어이고 "스쁘라프까"로 읽습니다.

kasod bo'lmoq [캬써드 볼먹] 파산하다
Hodimlar qisqartirilishi (sokrasheniya)
[허듬라르 크스카르트를리쉬 (싸크라셰니야)] 감원
Nafaqa [나파카] 퇴직금

직장이 시내에 위치해요	**Ish joyim shahar markazida joylashgan** [이쉬 저임 샤하르 마르카즈다 저일라쉬간]

86 우즈베크 생활회화

사무실
Ishxona / Ish joyi
[이쉬허나 / 이쉬 저이]

출퇴근 시 지하철이 혼잡해요	Ishga borish va kelish vaqtida metro gavjum bo'ladi [이쉬가 버리쉬 바 켈리쉬 박트다 메트로 가브줌 볼라드]
신입사원 수습기간은 3개월입니다	Yangi kelgan xodimning sinov muddati 3 oy [얀기 켈간 허듬닝 씨너브 무다트 우취 우이]
업무 시간은 ~에서 ~까지	Ish vaqtingiz ~dan ~gacha [이쉬 박팅기즈 ~단 ~가차]
점심 시간은 13시부터 14시까지	Tushlik soat 13:00 dan 14:00 gacha [투쉴릭 쏘알 온 우취 단 온 토르트 가차]
월급은 매달 초에 줍니다	Oylik har oyning boshida beriladi [어일릭 하르 어이닝 보쉬다 베를라드]
1년에 1달 휴가를 받을 수 있어요	1 yilda 1 oy mehnat ta'tili olishingiz mumkin [브르 일다 브르 어이 메흐낟 타아틀르 얼리슁기즈 뭄킨]
일을 잘 하는 직원들이 상여금을 받아요	Yaxshi ishlagan hodimlar mukofot puli olishadi [야흐쉬 이쉴라간 허듬라르 무커펏 풀르 얼리샤드]

보고서를 내일까지 부서장님께 보여드려야 합니다	Hisobotni ertagacha bo'lim boshlig'iga ko'rsatish kerak [히써벗느 에르타가차 볼름 버실르그갸 코르싸트쉬 케락]
전기가 나가서 보고서를 마무리하지 못했어요	Chiroq (Svet) o'chib qolgani uchun hisobotni tugata olmadim [치럭 (스벳) 오칩 컬갸느 우춘 히써버뜨느 투가따 얼마딤]
회의에서 말했던 업무를 제 시간에 하세요	Majlisda aytilgan vazifalarni o'z vaqtida bajaring [마즐리스다 아이틀간 바지팔라르느 오즈 박트다 바자링]
오늘 (저의) 몸이 안 좋기 때문에 저에게 하루 휴가를 주실 수 있나요?	Bugun ahvolim yaxshi emasligi uchun javob bera olasizmi? [부군 아흐벌름 야흐쉬 에마슬리그 우춘 자법 베라 얼라쓰즈므?]
(제가) 일을 다 해서 집에 좀 일찍 가도 될까요?	Ishlarimni bajarib bo'ldim uyga biroz vaqtliroq ketsam bo'ladimi? [이쉴라름느 바자립 볼듬 우이가 브러즈 박틀리럭 켓쌈 볼라드므?]

사무실
Ishxona / Ish joyi
[이쉬허나 / 이쉬 저이] **18**

회사가 부도로 인해 직원 수를 줄일 수밖에 없게 되었습니다

Chunki firmamiz bankrot, hodimlarni qisqartirishga majburmiz.
[춘키 피르마므즈 방크롵, 허듬라르느 크스카르트리쉬갸 마즈부르므즈]

(당신은) 은퇴 후에도, 일할 수 있어요

Nafaqaga chiqqandan, so'ng ham ishlashingiz mumkin.
[나파카갸 측칸단, 쏭 함 이쉴라슁기즈 뭄킨]

19

지하철
Metro
[미뜨로]

지하철
Metro [미뜨로] 19

우즈베키스탄의 타슈켄트시 지하철과 전철들은 우즈베크어로만 안내방송이 나옵니다. 러시아어와 영어 안내방송이 없으므로, 아래 지하철 내 우즈베크어 안내방송의 내용들을 알아 두시면 편리할 것입니다.

조심하세요.(지하철 객차의) 문이 닫힙니다. 다음 정차 역은 타슈켄트 역입니다
> Ehtiyot bo'ling. Eshklar yo'piladi. Keyngi bekat - Toshkent [에흐티욭 볼링. 에쉬클라르 요필라드. 케인기 베캇 - 터쉬켄트]

유누쎄버드 노선으로 가실 손님은 이번 오이벡역에서 갈아탈 수 있습니다. 내리실 때는 소지품을 잘 챙기시기 바랍니다(소지품 챙기는 걸 잊지 마세요.)
> Shu yerdan Yunusobod yo'lining Oybek bekatiga o'tiladi. Vagondan chiqayotganingizda buyumlaringizni unutmang.
> [슈 예르단 유누쎄버드 욜르닝 어이벡 베캇가 오틸라드. 바곤단 치카욭갸닝기즈다 부윰라링기즈느 우눗망]

의심이 드는 물건들을 보시면 지하철역 경찰에게 알려주세요. 주의하세요
> Shubxali buyumlarni ko'rganingizda metropoliten hodimlariga habar bering. Ogoh bo'ling.
> [슈읍할리 부윰라르느 코르가닝기즈다 메트로팔리텐 호듬라르갸 하바르 베링. 어거흐 볼링]

존경하는 승객 여러분, 아이와 동승한 승객과 장애인 승객, 그리고 연로한 승객들에게 자리를 양보해 주시기 바랍니다
> Hurmatli yo'lovchilar, iltimos yosh bolali nogiron va yosh katta yo'lovchilarga joy bering.
> [후르마틀리 욜러브칠라르, 일티머스 여쉬 벌랄리 너그런 바 여쉬 카타 욜러브칠라르가 저이 베링]